Joseph Ratzinger – Karl Lehmann

MIT DER KIRCHE LEBEN

JOSEPH RATZINGER

KARL LEHMANN

# MIT DER KIRCHE LEBEN

*Helga Müller-Malick*

Herder

Freiburg · Basel · Wien

Alle Rechte vorbehalten – Printed in Germany
© Verlag Herder Freiburg im Breisgau 1977
Imprimatur. – Freiburg i. Br., den 12. Mai 1977
Der Generalvikar: Dr. Schlund
Herstellung: Freiburger Graphische Betriebe 1977
ISBN 3-451-17695-5

# Inhalt

5

# Einführung

Seit einigen Jahren bestimmt das Stichwort „Identifikation mit der Kirche" die theologische Diskussion. Forderungen nach „Totalidentifikation" stehen gegen Plädoyers für eine nur „partielle Identifikation" mit der Kirche. Empirische religionssoziologische Untersuchungen haben zu den komplexen Phänomenen viele Daten beigesteuert, die im einzelnen noch der sorgfältigen Analyse bedürfen. Für die kirchliche Theologie und die pastorale Praxis ist damit zweifellos eine zentrale Aufgabe gestellt.

Die vorliegende kleine Veröffentlichung bedeutet nur eine erste Annäherung an dieses sehr umfassende Problem. Joseph Ratzinger umreißt in einem grundsätzlichen theologischen Beitrag die Hauptfragen, die mit dem Stichwort „Identifikation mit der Kirche" gegeben sind. Karl Lehmann steuert dieser Grundlegung in einer Art theologischer Meditation „Lohnt es sich, in der Kirche zu bleiben und für sie zu leben?"

konkrete Einzelelemente einer Antwort bei. Obgleich der einzelne Verfasser jeweils nur für seinen Beitrag verantwortlich ist, glaubten beide Autoren, daß sich in ihren Überlegungen genug Gemeinsames findet, um diese Veröffentlichung in der vorliegenden Form rechtfertigen zu können.

Den Verfassern ist bewußt, daß der Begriff der Identifikation in den verschiedenen soziologischen und psychologischen Theorien recht unterschiedlich gebraucht wird. Es besteht auch kein Zweifel, daß die Anwendung des Identifikationsbegriffes im Bereich der Theologie bei einer differenzierteren Betrachtung bald auf Grenzen stoßen muß. Schließlich verwendet die Theologie eine Fülle von Begriffen, die den Gesamtkomplex der „Identifikation" genauer beschreiben: Glaube, Bekenntnis, Taufe, Eingliederung in die Kirche, Kirchenzugehörigkeit, Kirchenmitgliedschaft, Stufen der Mitgliedschaft in der Kirche, Bindung an die Kirche. Es wäre vermessen gewesen, den damit gegebenen Problemstand in dieser kleinen Veröffentlichung umfassender angehen zu wollen. Eine gewisse erste Übereinkunft im Verständnis des Identifikationsbegriffs (vgl. zum Beispiel die Darlegungen von W. Siebel, Einführung in die systematische Soziologie [München 1974] 137 ff.) legitimiert auf dieser ersten Reflexionsstufe den Gebrauch dieser noch alltagssprachlichen Bedeutung von „Identifikation".

Beide Verfasser sind sich bewußt, wieviel soziologische und psychologische, dogmatische und pastoraltheologische Untersuchungen notwendig sind, um das aufgezeigte Phänomen noch besser in den Griff zu bekommen und auch in der pastoralen Praxis bewältigen zu können. Es genügt ihnen, wenn sie dazu beitragen können, die Bemühungen in dieser für die Kirche lebenswichtigen Frage zu verstärken. Ausdrücklich möchten sie auf eine umfangreiche Studie „Religiös ohne Kirche? Eine Herausforderung für Glaube und Kirche" der Pastoralkommission des Zentralkomitees der deutschen Katholiken hinweisen, die unter dem Vorsitz von Professor Dr. Karl Forster erarbeitet wurde und an der einer der Verfasser mitbeteiligt ist.

Der Beitrag von Joseph Ratzinger stellt den Text eines Referates dar, das am 12. November 1975 im Rahmen des Dies academicus der

Theologischen Fakultät der Universität Freiburg i. Br. vorgetragen wurde. Der Vortrag ist bisher unveröffentlicht. Der Charakter des gesprochenen Wortes wurde bewußt beibehalten. Der Beitrag von Karl Lehmann ist die modifizierte Fassung eines umfangreichen Vortrags „Warum es lohnt, für die Kirche zu leben. Theologische Überlegungen zur Kirchlichkeit der Priester". Er wurde früher als Manuskript gedruckt für die Teilnehmer der Tagung „Priester – Kirchliche Berufe", die vom Informationszentrum Berufe der Kirche Freiburg i. Br. vom 27.–30. September 1973 in Augsburg-Leitershofen durchgeführt wurde. Eine erste Textfassung erschien in: Zur Pastoral der geistlichen Berufe, Heft 12 (1974) 11–19 (auch als Sonderdruck).

Die Literaturhinweise am Ende dieser Veröffentlichung wollen eine erste Hilfe zur Orientierung bieten. Es ist fast überflüssig zu betonen, daß die Nennung der jeweiligen Literatur nicht schon eine Zustimmung zu ihren Aussagen darstellt.

# I

# Identifikation mit der Kirche

*Von Joseph Ratzinger*

Das Thema, das hier verhandelt werden soll, verweist auf eine Beziehung: es spricht von „Kirche", und es spricht von Identifikation, das heißt von einem bestimmten Beziehungstypus, den jemand zur Kirche eingeht oder auch nicht eingeht. Demgemäß verbirgt sich in dem Wort „Identifikation" der eine Träger der Beziehung, deren anderes Ende eben „Kirche" heißt. Nennen wir dieses verborgene zweite Subjekt einstweilen X, so können wir unser Thema nun in einem Satz formulieren: X steht zu Kirche im Verhältnis der Identifikation, oder umgekehrt: X steht zu Kirche nicht im Verhältnis der Identifikation. Noch richtiger müssen wir aber wohl das Thema als eine Frage verstehen, die dann etwa so formuliert werden müßte: Soll X zu Kirche im Verhältnis der Identifikation stehen? Kann X im Verhältnis der Identifikation mit der Kirche sein?

Dementsprechend dürfen wir jetzt sagen, das

Thema umfasse zwei Subjekte und einen Relationsbegriff, der beide in Form einer Frage miteinander verbindet. Damit ist dann auch die Aufgabe klar, die demjenigen obliegt, der sich mit diesem Thema auseinandersetzen will. Ihm ist von der Struktur des Satzes her, den es einschließt, eine dreigliedrige Untersuchung aufgetragen: Er muß die beiden Subjekte X und Kirche analysieren, freilich nicht nach jeder Richtung hin, sondern unter dem Aspekt ihrer gegenseitigen Identifizierungsmöglichkeit, und er muß den Begriff Identifikation untersuchen, wiederum nicht überhaupt und in jeder denkbaren Hinsicht, sondern unter der Fragestellung, ob und inwieweit er sich als Beschreibung eines möglichen oder vielleicht für allein richtig erklärten Verhältnisses zwischen den beiden genannten Subjekten eignet.

## 1. Der Mensch auf der Suche nach Identifikation

Beginnen wir also mit X, das heißt mit der Erhellung des Subjekts, das in dem Wort „Identifikation" still mitgemeint, aber nicht ausdrücklich genannt ist. So rätselhaft X auch klingen mag, in unserem Fall sind keine umständlichen Erhebungen darüber nötig, wer sich hinter dieser einstweilen gewählten Chiffre verbirgt: Gemeint ist natürlich der durchschnittliche Christ von heute, also im Grunde jeder von uns, insofern er einerseits am Heute partizipiert und andererseits Christ zu sein versucht. Dabei ist offensichtlich vorausgesetzt, daß dieser heutige Christ einerseits Identifikation mit der Kirche als amtlich geltende Forderung des Christseins vorfindet und auch so weit anerkennt, daß er darin einen Anspruch sieht, an dem er als Christ nicht einfach vorbeigehen kann; andererseits wird auch vorausgesetzt, daß solche Identifikation sich nicht unproblematisch einstellt, sondern zur Frage geworden ist.

Wir können einstweilen noch offenlassen, welche Qualität diese Frage hat – sie kann entweder bloß praktischer Natur sein, also darin bestehen, daß dem Menschen, so wie er heute lebt, diese Identifikation *praktisch* nicht gelingt; sie kann aber auch grundsätzlich werden und dann zu dem Problem führen, ob solche Identifikation überhaupt gelingen *soll*. Darüber werden wir ausführlich sprechen müssen, wenn die Begriffe Identifikation und Kirche untersucht werden. Einstweilen setzen wir nur voraus, daß auf irgendeine Weise der Zusammenhang von Christsein und Kirche anerkannt, aber auch in unterschiedlicher Form schwierig ist. Wir klammern also auch die neuerdings von Rendtorff[1] und von Hasenhüttl[2] entworfene Idee eines kirchenfreien Christentums aus, dem sich das Identifikationsproblem gar nicht mehr stellt; tatsächlich dürfte ein solcher Versuch eines Christentums ohne den Rückhalt an einer tragenden und damit auch irgendwie verbindlichen Gemeinschaft unabhängig von theologischen Bedenken soziologisch und psychologisch kaum durchführbar sein.

Unsere Frage zielt also nach all diesen Einschränkungen auf den Normalchristen von heute, auf den statistischen Mittelwert derer, die die Beziehung zur Kirche nicht gänzlich aufgegeben haben, aber auch nicht zur engsten Identifikationsgruppe gehören. Wie sieht dieser Christ unter dem Gesichtspunkt unserer Fragestellung aus, und warum sieht er so aus, wie er aussieht? Der holländische Religionssoziologe O. Schreuder hat kurz nach dem Konzil diesen Christen mit einem Menschen verglichen, der in einem Selbstbedienungsladen umhergeht und sich nach freier Wahl aus den verschiedenen Angeboten das in sein Netz packt, was ihm zusagt. In dem großen Selbstbedienungsladen unterschiedlicher Ideologien, wie ihn die westliche Welt heute darstellt, geht also nach Schreuder der Bürger dieser Welt wählerisch herum und sucht sich von den verschiedensten Ständen das aus, was ihm entspricht. Der brave, streng kirchentreue Christ, der seine „Ideologie" sozusagen *nur* am Stand der Kirche kauft und dafür ihr *gesamtes* Angebot, sämtliche Dogmen in sein Netz steckt, ist zur Ausnahme geworden – das wäre nach diesem Modell der Mann der Totalidentifikation, sozusagen das normative Bild der kirchlichen Verkündigung.

Der Normalfall aber ist demgegenüber die partielle Identifikation, das heißt der wählerische Mensch, der sich vom Angebot der Kirche zwar einiges in sein Gepäck holt, aber selbstverständlich sich auch von anderen Quellen her verproviantiert und schon deshalb gar nicht daran denkt, alles, was die Kirche lehrt, mit sich zu schleppen[3]. P. M. Zulehner hat dieses Bild des „Auswahlchristen" kürzlich sehr eingehend mit soziologischen Daten belegt und konkretisiert und von diesen Daten her einen sicher höchst notwendigen Entwurf einer „Auswahlchristen-Pastoral" geschaffen[4].

An der Richtigkeit der geschilderten Tatsachen ist nicht zu zweifeln; insofern hat unser anfängliches X nun recht deutliche Züge angenommen. Zu fragen ist jetzt nur, wie sich Norm und Faktum zueinander verhalten, also wie Theologie und Pastoral auf diese Gegebenheiten antworten sollten. Welches ist eigentlich die Norm? Muß als Norm tatsächlich derjenige angesehen werden, der nur an *einem* Stand kauft und dafür dort alles mitnimmt? Das widerspricht sozusagen der Gesetzlichkeit des Marktes, von der her das Bild formuliert ist; für ihn ist der freie Wettbewerb bestimmend und die entgegenstehende Forderung sozusagen systemwidrig, das heißt unzumutbar, wo nicht geradezu unmoralisch. Für mich besteht kein Zweifel, daß die meisten unserer Zeitgenossen mehr oder weniger bewußt das ideologische Angebot unter dem Modell des Marktes erleben, und eine von *diesem* Modell aus zugemutete Totalidentifikation hat nun wirklich etwas Hanebüchenes an sich. Aber natürlich ergibt sich jetzt die Frage: Ist man eigentlich auf dem richtigen Weg, wenn man die Kirche als den Kramladen der Dogmen versteht, der den Absatz seiner etwas veralteten Ware durch beharrliche Monopolforderungen sichern will?[5]

## 2. Was heißt Identifikation?

Mit dieser Fragestellung sind wir ganz von selbst bereits zum zweiten Glied unseres thematischen Begriffsgefüges vorgestoßen, denn das eben Gesagte läuft sachlich auf die ganz allgemeine Frage hinaus: Was heißt denn das eigentlich – Identifikation?

Wie man weiß, ist der Begriff aus der Soziologie übernommen und von hier in die Pastoraltheologie und schließlich in die Theologie überhaupt geraten, so daß sich inzwischen bereits ein fester theologischer Sprachgebrauch entwickelt hat, in dem die Begriffe partielle und totale Identifikation einen deutlich umschriebenen Sinn angenommen haben. Dennoch wird es sich lohnen, sozusagen noch einmal naiv rückzufragen, welche Art von Engagement eines Menschen bei seiner „Identifikation" mit einer Gruppe oder einer Gemeinschaft vorliegt. Ein Mensch kann sich zum Beispiel mit seinem Fußballverein, mit einer Partei, mit einer Firma „identifizieren". Das bedeutet dann, daß er in jedem Fall für diese Gruppe eintritt, sie verteidigt, ihre Schicksale, Aufstiege und Abstiege mitempfindet, ihre Entscheidungen billigt und sich danach verhält. Obwohl es also etwas strukturell Gleiches in all diesen Fällen von Identifikation gibt, ist doch unschwer zu sehen, daß sie sachlich für den betroffenen Menschen sehr Unterschiedliches bedeuten. Denn selbst wer sich zum Beispiel mit seinem Brieftaubenverein total identifiziert, ist davon als Person unmöglich in demselben Maß betroffen wie jemand, der sich mit der Kommunistischen Partei und mit der Lehre von Karl Marx identifiziert, auch wenn er nun einige Abstriche von der totalen Identifikation vornimmt.

Durch dieses letzte Beispiel aber wird zugleich deutlich, daß der Mensch erst in seinen Identifikationen er selber wird. Was er ist und wer er ist, hängt davon ab, zu welchen Identifikationen er gelangt. Anders ausgedrückt: Im Prozeß der Identifikationen waltet der Mensch gar nicht als ein fertiges Subjekt, das wählend herumgeht und sich allerlei in die Tasche steckt – dieses so einleuchtende Bild, das zweifellos *einen* Aspekt unseres Problems durchaus richtig beschreibt, hält dem Ganzen der Frage keineswegs stand. Der Mensch ist selbst erst auf der Suche nach seiner Identität, und die Frage, ob er sie findet, hängt ganz wesentlich davon ab, ob er die Identifikation findet, in der er er selbst werden kann[6]. Das Problem der Identifikation verweist auf das Problem der Identitätsfindung und dieses wieder auf die Frage der Rollenfindung, des Verhältnisses von Ich und Persona, um es im Anschluß an C. G. Jung aus einer nochmals anderen Perspektive zu formulieren. So würde etwa der Marxist sagen, daß nur der Mensch, der sich mit der Partei identifiziert, sich dadurch mit der Klasse identifiziert, die ihrerseits den Fortschritt, den Geist der Geschichte selbst darstellt. Ohne Einschmelzung des eigenen Bewußtseins ins Klassenbewußtsein verbleibt der Mensch danach in der bürgerlichen Illusion, deren trügerischer

Schein ihn von den wirklichen Ansprüchen der Geschichte trennt und ihn so ins Gegengeschichtliche abdrängt. Daran ist richtig, daß die Illusion des über den Ideologien im marktwirtschaftlichen Modell des freien Wettbewerbs schwebenden Individuums eben eine Illusion ist, die den Menschen erst recht dazu verurteilt, sich seine Identität von der vorgefertigten Rollenverteilung der Gesellschaft geben zu lassen, die für die dramatis personae schon „Textbücher und Rollenauszüge" besorgt hat, wie P. L. Berger formuliert [7].

Wir brauchen die Frage für unsere Zwecke hier nicht weiterzuverfolgen; es genügt, das bisher deutlich Gewordene in eine These zusammenzufassen, die dann zugleich den Übergang zum dritten Glied unseres Themas herstellt. Wir können sagen: *Die Frage der Identifikation des Menschen steht nicht neben seiner eigenen Identität, sondern entscheidet über sie.*

### 3. Die Kirche und ihre Identität

Welche „Rolle" kann nun in diesem komplizier-
ter gewordenen „Spiel" die Kirche übernehmen?
Das hängt natürlich davon ab, wofür man die
Kirche hält bzw. was sie wirklich ist. Liegt sie auf
der Linie des Brieftaubenzüchtervereins? Gehört
sie den Kräften des Marktes zu? Ist sie eine Art
Laden? Man sieht, die Identifikation der Kirche
selbst ist schwierig; davon aber hängt ab, mit
welcher Art von Identifikation der Mensch ihr
antworten kann.

Ich möchte meine Antwort, um lange Um-
wege zu vermeiden, vorab wieder als These formulieren, die dann auszulegen, zu begründen
und auf unser Problem anzuwenden sein wird.
Von vornherein soll dabei freilich keine Defini-
tion von Kirche versucht, sondern eine Aussage
über ihre Identität nur im Blick auf unsere Fragestellung gegeben werden. Sie könnte so lauten:
*Die Kirche ist einerseits nie von ihrer konkreten
Erscheinung in der Geschichte abzutrennen,
aber andererseits auch nie voll mit ihr gleichzu-
setzen*[8].

Mit dieser Aussage bleiben wir in einem breiten Traditionskonsens, der auch die Grenzen der Kirchenspaltungen überschreitet. Denn wenngleich im reformatorischen Raum der Zusammenhang zwischen der empirischen Kirche und der theologischen Größe Kirche ziemlich locker gesehen wird, so wird er doch nicht völlig gelöst. Die sichtbare Gemeinde gilt immerhin als der Ort, an dem sich die wirkliche Kirche sammelt, und in der Tat würde sie ja jeden vertretbaren Sinn verlieren, wenn sie nicht in irgendeiner Form mit dem zusammenhinge, was das Neue Testament „die Kirche Gottes" nennt.

Auf der anderen Seite hat der nachtridentinische Katholizismus den Zusammenhang zwischen sichtbarer Kirche und der Heilswirklichkeit Kirche sehr eng gefaßt, wofür man gern als extremes Beispiel den Satz Bellarmins anführt, die Kirche (nämlich die wirkliche Kirche Gottes) sei so sichtbar wie die Republik Venedig, das heißt so sichtbar, wie die staatliche Gemeinschaft es auch ist[9]. Im Ganzen von Bellarmins Darstellung erscheint der Satz aber doch nuanciert; es ist klar, daß auch die katholische Theologie der Neuzeit niemals die empirische Kirche ohne Rest mit der Heilswirklichkeit Kirche gleichsetzen konnte. Das geht schon deswegen nicht, weil gerade für katholisches Denken zur Kirche die ganze Gemeinschaft der Heiligen gehört, Lebende und Verstorbene, oder noch genauer: die Lebenden von gestern, von heute und von morgen, also auch die noch ausstehende Zukunft der Kirche. Die totale Gleichsetzung war aber auch deshalb nie möglich, weil nie Augustins Satz bestritten werden konnte, daß solche empirisch drinnen sind, die geistlich draußen sind, und umgekehrt; nie konnte ferner bestritten werden, daß unter diesen Scheinmitgliedern der Kirche immer wieder auch Päpste und Bischöfe sind. Wenn es so ist, dann geschieht auch von Amts wegen vieles in der empirischen Kirche, was, theologisch gesehen, unkirchlich oder sogar antikirchlich ist; wer im 16. oder 17. Jahrhundert lebte, konnte das auch ohne Vergrößerungsglas unschwer wahrnehmen, inmitten der großen Bewegung der Erneuerung, die es gerade in diesen Jahrhunderten gab.

Die Folgen dieser für unser heutiges Empfinden ob ihrer Selbstverständlichkeit beinah banal klingenden Aussagen sind schwerwiegend. Denn wenn es so steht, und zwar nach kirchlicher Lehre so steht, dann kann und darf gerade die Kirche selbst eine Totalidentifikation mit der jeweiligen empirischen Kirche nicht wollen. Ein eingetragener Verein, eine politische Partei, kann das wünschen und muß es in Krisensituationen vielleicht sogar. Denn diese Gruppen bestehen nur in und aus dem, was sie empirisch sind, und wer daran Abstriche macht, macht Abstriche an ihnen selbst. Hier kann und darf im Ernstfall strikte Parteidisziplin gefordert werden, auch wenn die Einzelnen andere Wege als die schließlich mehrheitlich festgelegten für besser hielten.

Etwas anders mag es schon beim Staat oder bei einer ausgesprochenen Weltanschauungspartei sein, wo das empirische Jetzt an der Verantwortung vor der eigenen Geschichte und vor der tragenden sittlichen Idee gemessen werden kann. Aber was sich hier doch eher nur in Ansätzen abzeichnet, gewinnt bei der Kirche vollen Ernst. Sie ist nach ihrer Selbstauslegung immer mehr und zum Teil auch anderes, als was sie im Augenblick empirisch ist. Daher kann es theologisch legitim eine Totalidentifikation mit dem jeweiligen empirischen Zustand der Kirche nicht geben. Im Blick auf den empirischen Bestand muß gerade die Identifikation des *ganz* Kirchentreuen immer Partialidentifikation bleiben, um der Kirche selbst willen.

Aber womit soll man sich dann eigentlich identifizieren? Und wie soll man es? Bei dieser schwierigen Frage kann uns die Tatsache weiterhelfen, daß das Neue Testament, in dem die Kirche sozusagen den Maßstab ihrer eigenen Identität anerkennt, eine Reihe von Identifikationsformeln bietet, deren konsequenteste sich in Gal 3,28 findet. Paulus setzt sich im zugehörigen Kontext mit der Frage auseinander, wer nun eigentlich Empfänger der an Abraham ergangenen Verheißung sei. Nach Ansicht seiner Gegner ist die Grundvoraussetzung für die Teilhabe an den Verheißungen die Erfüllung des Gesetzes. Paulus macht demgegenüber darauf aufmerksam, daß die Verheißung in der Einzahl ergangen sei, sich nicht auf mehrere richte, sondern auf *den* Samen. Es gibt also überhaupt nur *einen* Verheißungsempfänger, nicht viele. Schon deshalb kann das Gesetz nicht den Zutritt zur Verheißung verbürgen und nicht die Bedingung der menschlichen Hoffnung sein. *Sie* kann überhaupt nur aus einer Identifikation kommen. So lautet die Antwort des Apostels: „Die ihr auf Christus getauft seid, habt Christus angezogen. Da ist nicht mehr Jude noch Grieche, nicht Knecht noch Freier, nicht Mann noch Frau: Alle seid ihr ein Einziger in Christus Jesus" (3,27f.). Von der Logik der paulinischen Argumentation her ist es sehr wichtig, daß hier nicht gesagt wird: ihr seid alle eins, sondern: ihr seid Einer, einbegriffen in den Singular, der allein als Ort der Heilszusage zu verstehen ist [10].

## 4. Identifikation und Identitätsfindung

Hier liegt also eine Identifikationsformel im strengsten Sinn vor: Nur wo eine Identifikation bis zu dem Grad stattfindet, daß es keine Mehrzahl mehr gibt, ist die Bedingung des Heils erfüllt. Es stellt sich die Frage: Kann man das? Darf man das überhaupt? Was bedeutet dies Ganze?

Überlegen wir zunächst, wie dies in unserem Erfahrungsraum aussieht. Welche Identifikationen sind möglich, welche wünschbar, welche unmöglich? Das erste ist die Identifikation zwischen Mensch und Mensch. Sie ist in Grenzen möglich. Ein Fingerzeig liegt in der Aussage von Gen 2, 24, die im Verlauf der weitergehenden biblischen Reflexion variiert und vertieft wird: „Darum verläßt der Mann Vater und Mutter und bindet sich an seine Frau, und sie werden *ein* Fleisch." Dieses Ein-Fleisch-Werden geschieht ersichtlicherweise nicht schon einfach durch die körperliche Vereinigung, die ja nur ein Moment an dem Geschehen des Verlassens und Anhangens bedeutet. Sie geschieht in der Identifikation des gemeinsamen Schicksals; sie geschieht in der gegenseitigen Übernahme von Freud und Leid, von Sein und Denken durch die in der Geduld des Miteinanders reifende Liebe. Sie erreicht ihre höchste Form, wo Krankheit, Zerstörung des Namens, Tod miteinander getragen werden oder gar wo der eine an die Stelle des anderen tritt und so, in der Identität des Schicksals, gleichsam der andere wird.

Von der Heilsfrage her, um die es uns geht und um die es sachlich in der Rollenfindung, in der Identitätsfindung und so auch beim Prozeß der Identifikation gehen muß, bleibt hier nun al-

lerdings ein Ungenügen: Die Identifikations-
möglichkeit zweier Menschen, Liebe genannt,
kann unter Umständen das Unheil nur dahinge-
hend modifizieren, daß es gemeinsames Unheil
wird. Wenn man annimmt, daß die Vereinsa-
mung der eigentliche Kern des Unheils ist (dem
eben dann die Suche nach Identifikation entge-
gentritt), so ist zwar durch die Existenz eines Mit
die radikale Macht des Unheils ein Stück weit
gebrochen, aber offensichtlich ist das menschliche Mit doch zu schwach, um es ganz zu überwinden. So muß der Mensch nach einer Identifikation suchen, deren Radius weiter reicht. Er
muß versuchen, sich mit der Macht der Geschichte selbst zu identifizieren. Genau dies ist
bekanntlich die Verheißung der kommunistischen Partei und der Grund, mit dem sie ihre
Forderung nach totaler Identifikation begründet: Sie weiß sich als die im menschlichen Han-
deln gegenwärtige Macht der aufsteigenden
Geschichte selbst.

Wir brauchen uns hier, von der Grenze unserer Fragestellung her, nicht mit Gründen und
Gegengründen dieses Anspruchs auseinander-
zusetzen, müssen aber auf die formale Struktur

des Gedankens achten: Strukturell ist das, was hier Geschichte heißt, eine Entsprechung zum Gottesbegriff – nicht als ob ich dem Marxismus damit einen anonymen oder pseudonymen Gottesglauben unterstellen wollte, wohl aber muß man sagen, daß das, was hier der Geschichte zugeschrieben wird, faktisch nur von einem Gott geleistet werden kann, nämlich sinnvolle Macht über das Ganze. In der Tat führt die Heilsfrage unausweichlich vor das Problem, ob der Mensch sich mit Gott identifizieren kann – offensichtlich ist er immerfort auf der Suche nach dieser Identifikation, die seit Feuerbach mit einer ganz neuen Radikalität formuliert wird; nur sie bietet ihm die „Rolle" an, mit der er sich im Prozeß der Identitätsfindung zu guter Letzt begnügen kann. Die Frage lautet also ganz einfach: Kann der Mensch sich mit Gott identifizieren – es ist die Frage von Gen 3,5, das bleibende Herzstück jeder ernst zu nehmenden Anthropologie (und die marxistische ist, im Gegensatz zu manchen anderen, ernst zu nehmen). Nochmals: Kann der Mensch sich mit Gott identifizieren? Die Antwort lautet, rein empirisch betrachtet: Nein, es fehlen ihm empirisch alle Mittel, die Differenz zwischen Endlich und Unendlich zu überspringen, er kann seine „Entfremdung" nicht aufheben.

Nun entsteht die Gegenfrage: Kann Gott sich mit dem Menschen identifizieren und dadurch die Entfremdungsproblematik bereinigen? Spekulativ betrachtet muß auch hier die Antwort Nein heißen: Finitum non capax infiniti (das Endliche ist nicht aufnahmefähig für das Unendliche) – die antike Philosophie hat die Gründe für das Nein, die Gründe der menschlichen Verzweiflung, präzis formuliert. Das Christus-Bekenntnis der Kirche sagt nun aber genau dies: Gott *hat* sich identifiziert, also *kann* er es. Wenn das wahr ist, ist die Verzweiflung des Menschen auflösbar; darin beruht die weltgeschichtliche Spannung der Christologie. Das bedeutet freilich auch umgekehrt, daß jede Christologie, die unterhalb des Identifikationssatzes bleibt, nicht wirkliche Identifikation Gottes mit dem Menschen zum Inhalt hat, anthropologisch und weltgeschichtlich uninteressant ist [11]. Leben und Tod Jesu Christi bedeuten für den Glauben, daß Gott das spekulativ Unmögliche, die Identifikation mit dem Menschen, vollzogen hat, indem er auch das Gegengöttliche des Menschen, sein Finitum: den Tod, an sich nahm.

Das hat zur Folge, daß sich nun aber auch, unter der Voraussetzung der Christustatsache, die erste Frage anders stellt. Denn nun darf gesagt werden: Identifikation des Menschen mit Gott ist in der Identifikation mit Christus möglich, weil Gott sich in ihm selbst mit dem Menschen identifiziert hat. Dazu kommt nun ein gerade für unser Problem wichtiger weiterer Schritt:

Von hier aus ist zugleich eine Identifikation jedes Menschen mit allen anderen Menschen möglich, weil sie alle im Raum der Grundidentifikation stehen bzw. stehen können. Daß allein eine Identifikation dieser Reichweite die menschliche Entfremdung überwinden und die Versöhnung des Menschen sein kann, ist nach dem bisher Bedachten klar. Daß der Mensch diese Art von Identifikation *braucht*, um er selbst zu werden, kann man rein philosophisch erkennen. Daß sie auch möglich ist und daß sie an dieser Stelle wirklich werden kann, das freilich sagt ihm nur der Glaube.

Vielleicht mag bei diesem theologischen Ballonflug die Frage aufkommen, ob wir nicht damit endgültig den festen Boden unserer doch sehr praktischen Frage unter den Füßen verloren haben; die gestellte Frage zielt ja auf die konkrete Not des Auswahlchristen und nicht auf höchste christologische Probleme. Aber beides ist in Wirklichkeit nicht zu trennen. Tatsächlich folgt nämlich aus dem Gesagten genau die Einsicht, die zentral ist für eine einigermaßen angemessene Beantwortung unseres Themas. Denn wir können nun sagen: Kirche im strengen Sinn ist nur da, wo die paulinische Identifikationsformel voll gilt: „Ihr alle seid *Einer* in Christus Jesus." Dies ist ja auch der Inhalt der paulinischen Benennung der Kirche als Leib Christi, die im Epheserbrief mit der „Ein-Fleisch-Formel" aus Gen 2 verschmilzt[12]. Anstatt, wie es besonders im Umkreis des Konzils geschehen ist, den Identifikationsgehalt solcher Formeln zu bestreiten und damit schließlich einen nichtssagenden Kirchenbegriff zu produzieren[13], sollte man gerade darin die diakritische Mitte des apostolischen Kirchenbegriffs erblicken.

Das vorhin Begonnene fortführend, werden wir also auf dieser Linie sagen müssen: Kirche ist um so strenger gegeben, je reiner die Identifikation mit Christus zutrifft; im Vollsinn ist sie nur da, wo die Identifikation voll geworden ist, das heißt bei denen, die auch mit-auferweckt sind. Denn erst wo die letzte Überwindung des Todes gegeben ist, da ist die Gleichgestaltung mit ihm erfüllt.

Nur in Klammern sei hier angemerkt, daß die Hauptsätze der katholischen Mariologie zuletzt bloß von hier aus verstanden werden können. Die Aussage, Maria sei mit Leib und Seele in die himmlische Herrlichkeit aufgenommen, heißt dann nichts anderes als eben dies, daß in ihr dieses Mit schlackenlos geworden ist, ohne Abstrich gilt. Deshalb kann, ja muß sie als typus Ecclesiae, sozusagen als die Ecclesia in Person gelten[14]. In diesem Sinn bestätigt das Schlußkapitel der konziliaren Ekklesiologie mit aller wünschenswerten Deutlichkeit die eben aufgestellte Diagnose.

## 5. Ergebnis

Damit runden sich nun unsere Überlegungen zum Ganzen. Wir hatten auf das Problem „Identifikation mit der Kirche" zunächst geantwortet, indem wir sagten, es müsse vorab gefragt werden, wer oder was denn die Kirche sei. Wir hatten in einem nächsten Schritt festgestellt, daß die Identifikation sich nicht einfach auf die empirische Kirche richten, sie freilich auch nicht ausschließen könne, und deshalb begonnen, nach dem genauen Bezugspunkt der Identifikation zu suchen, der zur empirischen Kirche sowohl im Verhältnis der Differenz wie in demjenigen der Einheit steht. Wir können jetzt darauf sagen, dieser Bezugspunkt sei jenes eigentliche Sein der Kirche, das seinerseits auf einem Identifikationsakt Gottes mit dem Menschen beruht und so zugleich den Punkt der menschlichen Selbstfindung überhaupt bloßlegt.

Damit ist fürs erste eine Christologie und Ekklesiologie eines engen solus Christus ausgeschlossen, denn das Eigentliche Christi ist ja danach gerade dies, daß er sich einen Leib gebaut hat und baut; die Identifikation mit ihm ist im-

mer eine Identifikation mit allen, die zu ihm gehören, und wird gerade daran überhaupt er-
kennbar und prüfbar. Wir schließen aber freilich
auch so etwas wie eine Ecclesia separata aus und
verstehen das Ja zur Kirche als Vereinigung mit
der mit Christus vereinten Kirche. Natürlich
schlössen sich jetzt hier viele Einzelfragen an,
wie denn dieses Eigentliche der Kirche zu finden
sei, um das es demnach geht. Paulus gibt in dem
Galatertext einen wichtigen Hinweis, wenn er
von der Taufe als der konkreten Form des Iden-
tifikationsaktes spricht und damit auf die sakra-
mentale Kirche verweist, aber zugleich deren
geistigen Gehalt aufschließt, denn Taufe meint
Taufkatechese, meint die Einübung in den
Glauben und in die Wegrichtung des christlichen
Lebens. Jedenfalls aber ist auf einen in seiner
Struktur ganz einfachen Akt verwiesen: auf das
Teilhaben am Grundentscheid Jesu Christi
durch das Teilhaben am Grundentscheid der
Kirche.

Vielleicht wird die Sache deutlicher, wenn wir
jetzt ganz praktisch fragen: Wie sieht es denn
dann mit dem Warenhaus der Dogmen aus? Die
Antwort muß lauten: Das gibt es in Wirklichkeit

gar nicht. Solange jemand von Dogmen-Quanten her denkt, hat er von dem gemeinten Vorgang noch nichts verstanden[15]. Gottlob sind wir bei unserer Pastoral nicht in der Lage eines eifersüchtigen Krämers, der die Waren der anderen schlechtmachen muß und dafür alles, was er in seinem Laden hat, den Leuten andrehen möchte. Wir brauchen die Menschen nicht zu hindern, anderes aufzunehmen und anzunehmen; wir sollen sie im Gegenteil zu jenem Entscheid hinführen, der es ihnen möglich macht, sich die Weite des Humanen zu assimilieren, weil er auf den Grund des Humanum hin öffnet und so offen für alle und für das Ganze macht. Wir brauchen sie auch nicht zu zwingen, möglichst viel bei uns einzukaufen; wir müssen freilich versuchen, sie zu einer Tiefe der Selbstfindung hinzuführen, durch die sie sich dem gemeinsamen Grundentscheid der Ecclesia sancta anschließen, so daß sie sagen können: All das Deinige ist mein[16], auch wenn sie keineswegs alles überblicken und keineswegs subjektiv alles darin Gesagte zu assimilieren vermögen. Ein Widerspruch dazu wäre nur, das Christsein nicht aus ihrem Gemeinsamen empfangen, sondern bewußt selbst bauen und auch explizit gegen ihren Glauben vertreten zu wollen. Das andere aber, das Offenbleiben, das Nicht-assimilieren-Können, ist normal; es kann auch nicht einfach herbeigezwungen werden, wohl aber darf man sagen, daß sich der Blick dessen, der den Grundentscheid mitlebt, immer mehr reinigt und sich immer mehr auf das Ganze in seiner inneren Einheit ausdehnen wird.

Eines dürfte deutlich sein: Es geht sicher nicht darum, den Menschen zu einem quantitativ möglichst umfänglichen Entscheid in dem vermeintlichen Kramladen der Kirche zu führen. Es geht vielmehr darum, ihn an einen qualitativ wirklich zentralen Entscheid heranzuführen, letztlich in die Identifikation mit dem, der sich mit uns identifiziert hat, und daraus folgt dann alles Weitere. Es geht, ich wiederhole es, um einen letztlich „einfachen" Entscheid, einfach nicht im Sinn des Primitiven, sondern des Ursprünglichen. Das bedeutet zugleich, daß dies Einfache so umspannend ist, wie das mikrón, die kleine Weile, von der die Abschiedsreden Jesu sprechen (Joh 16,16–24) – die ganze Dynamik menschlichen Ringens ein Leben lang steht dahinter. In dem Maße, wie der Mensch diesen Entscheid findet, wird er in der rechten Weise fromm und kritisch oder, wie Käsemann es formuliert: „liberal und fromm zugleich" und damit auf der Spur Jesu Christi sein, dessen Frömmigkeit und Freiheit Ausdruck seines Einsseins mit dem Vater und mit den Menschen ist [17].

# II

## Lohnt es sich, in der Kirche zu bleiben und für sie zu leben?

*Von Karl Lehmann*

Identifikation mit der Kirche muß gelebt werden. Darum genügen auch theologische Reflexionen allein nicht, vielmehr bahnen sie den Weg für den konkreten Vollzug der Bindung an die Kirche. Im folgenden soll der Versuch unternommen werden, einige Bausteine für eine persönliche Antwort zu sammeln. Die gestellte Frage: „Lohnt es sich, in der Kirche zu bleiben und für sie zu leben?" macht dabei im Verlauf der Besinnung einige Wandlungen durch. Die Form einer theologischen Meditation mit Elementen von Reflexion, Zeugnis und Bekenntnis dürfte dieser Aufgabe am ehesten angemessen sein. Die Frage stellt sich am schärfsten vor der Übernahme eines lebenslangen Dienstes oder Amtes in der Kirche. Diese Situation ist jedoch letztlich exemplarisch für das Christsein, jedenfalls im Blick auf die ausgewählten Strukturen.

## 1. Zuerst eine unbesiegbare Leidenschaft für Gott

Die Kirche ist kein Letztes. Da sie selbst in ihrer eigenen Vorläufigkeit nichts anderem dient als der immer größeren Herrlichkeit Gottes und dem Heil der Menschen, muß auch die Frage, warum ich in der Kirche bleiben und gar für sie leben soll, davon ihren Ausgang nehmen. Nie und nimmer ist zum Beispiel ein Priester ein Funktionär seiner Kirche, der er sich einfach und ohne weitere Voraussetzungen unterstellt. Wer einen Dienst oder ein Amt in der Kirche anzielt, der muß vor und in aller institutionellen Kirchlichkeit eine letzte Leidenschaft für Gott mitbringen. Dies schließt ein, daß alle menschlichen Bemühungen und Gebilde in ihrer Partikularität, Endlichkeit, Vorläufigkeit und auch Vergeblichkeit angenommen und verstanden werden – auch in der Kirche! Der gerechte und barmherzige Gott ist derjenige, dem das Gericht auch über das Gespreizte und zu sehr Selbstzweckliche in der Kirche anheimgestellt wird.

Was heute in besonderer Weise hinzukommt, das ist die im Vergleich zu früheren Zeiten schwieriger gewordene Aufgabe, den Menschen den Weg zu Gott als dem Sinngrund ihres Lebens offenzuhalten und zu weisen. Wo Gott selbst dem Menschen verborgen bleibt und einem ganzen Zeitalter nach dessen eigener Erfahrung entzogen zu sein scheint, liegt eine ganz elementare Aufgabe kirchlichen Dienstes darin, überhaupt das Bewußtsein von Sinn und von Transzendenz in der menschlichen Gesellschaft wachzuhalten. Dies geschieht sicher nicht nur und vielleicht nicht einmal auf die überzeugendste Weise durch den Amtsträger. Aber schon seine Existenz macht die Herausforderung offenkundig, indem Menschen ihr *ganzes* Leben in den Dienst dieser Aufgabe stellen. Wenn es immer schwieriger wird, die auseinander- und widerstrebenden Rollen des menschlichen Lebens in eine auch auf Dauer sinnvolle Gesamtrichtung zu bringen und den Menschen vor der Versklavung durch die von ihm selbst geschaffenen Mächte zu bewahren, dann muß ein solcher „Gottesdienst" heute viel grundlegender beginnen: Wer sich in den Dienst der Kirche stellt, muß heute zuerst bis in die Wurzeln seiner Existenz davon geprägt und überzeugt sein, daß er auch inmitten einer säkularisierten und a-theistischen Welt dem Menschen die Spuren Gottes in der Geschichte und im eigenen Leben aufzeigen kann[1].

Diese Aufgabe, lebendiger Zeuge der Gottes-erfahrung in unserer Welt zu sein, muß alle Tätigkeitsfelder und das pastorale Tun aller Ämter und Dienste durchdringen und beherrschen. Alle institutionsorientierten Teilaufgaben, wie z.B. Religionsunterricht, Verwaltungsaufgaben, sogar die Sakramentenspendung, müssen in ihrer jeweiligen Eigenart von innen her offenbleiben auf den größeren Gott, müssen selbst durchsichtig werden für diesen Dienst und dürfen sich nicht in der Schwerkraft des „Betriebs" und des „Funktionierens" („es klappt", „es läuft") abkapseln und Selbstzweck werden. Es gibt Christen, deren Reden und Tun von einer letzten inneren Helle getragen wird: Sie wollen keinen Nutzen ihres Handelns, sie rechnen nicht mit unmittelbaren Erfolgen und kleben nicht an selbstgeschaffenen Strukturen. Die Unverfügbarkeit und die Freiheit Gottes spiegeln sich in ihrem Wort und in ihrem Tun.

Je schwieriger das Wort „Gott" deutbar und lesbar wird, desto dringender bedarf es des Interpreten und Künders. Da Gott an unzugänglichem „Ort" wohnt, bedurfte es immer schon eines „Pontifex", eines Brückenbauers vom Unsichtbaren zum Sichtbaren. Weil der christliche Glaube die Begegnung mit diesem Gott nicht mehr von der falsch verstandenen Mittlerrolle eines Priesters abhängig machen darf, als ob er allein Zugang zu ihm gewährte, wäre es sicher falsch, daraus irgendwelche Formen ausschließlich klerikaler Vorrechte in der Gotteserfahrung abzuleiten. Die Gottunmittelbarkeit jedes Glaubenden im Geist Jesu Christi ist ein zu kostbares Gut. Aber gerade eine Zeit, welche die Verborgenheit und den „Fehl" Gottes, ja sogar seinen „Tod" so radikal erfährt, braucht innerhalb und außerhalb der Kirche gegen die Plausibilitäten der beherrschenden Trends öffentliche Zeugen dafür, daß Gott lebt. Darum ist es heute noch wahrer geworden, daß Gott Menschen *braucht*. Man kann dieses „braucht" nicht buchstäblich genug auffassen. Damit das Wort seiner Liebe durch die Wolken des Nichtwissens und der Entstellung verläßlich bei den Menschen überhaupt ankommen und gehört werden kann, bedarf Gott selbst leibhaftiger Boten, die dadurch in erhöhtem Maß glaubwürdig sind, daß sie ihr Wort durch ihre Existenz verbürgen und selbst stets Gott-suchende bleiben.

Man muß noch einen Schritt weiter gehen. Wenn dieser Gott sein eigenes Leben und seine Seligkeit nicht für sich behalten, sondern der Welt als freies Geschenk zuwenden will, dann muß diese Entschiedenheit zum Heil und zur Rettung der Menschheit und der Geschichte leibhaftig im personalen Zeugnis sichtbar wer-den. Die Herrschaft Gottes als die Macht der Liebe kann gegen Unfreiheit und Knechtschaft aller Art nur dann eine Chance erhalten, wenn Menschen mit ihrem ganzen Dasein sich selbst-los für diese Botschaft in die Bresche werfen.

In dieser Dimension, die niemals verlassen werden darf, wird die Frage, warum es lohnt, in der Kirche zu bleiben und für sie zu leben, von selbst verwandelt. Jedes Rechnen mit einem un-mittelbar feststellbaren Nutzwert und einem er-warteten Erfolg scheitert an der Freiheit und Unverfügbarkeit des sich schenkenden Gottes. Wer den Dienst für Gott von vornherein un-ter Bedingungen des Lohnes stellt, verfehlt diesen selbst. Nur die heilige Nutz- und Funktionslosigkeit Gottes sowie die uneigennützige, von sich wegsehende Selbstlosigkeit seines Boten geben so Zeugnis von ihm, wie er ist, und lassen ihn nicht mit den Götzen verwechseln, die wir uns oft genug selbst aus ihm machen. Ohne einen verzehrenden Eifer für den wahren Gott sinken Theologie und Seelsorge ab in pastorale Technik und organisatorische Geschäftigkeit. Auch die Kirche bedarf stets der Vertreibung der Händler aus dem Tempel: „Schafft die Sachen weg von hier, macht das Haus meines Vaters nicht zu einer Markthalle" (Joh 2, 16).

## 2. Nachfolge Jesu Christi
## als Geheimnis aller Berufung

Das kirchliche Amt kann überhaupt nicht verstanden werden, wenn man nicht an seinem unersetzlichen Ursprung die innere Zusammengehörigkeit mit der Nachfolge Jesu Christi in den Blick bekommt. Die übliche Entgegensetzung von persönlicher Nachfolge und Ausübung des Amtes versagt hier. Die personale Nachfolge ist und bleibt die Urzelle der kirchlichen Berufung und des geistlichen Amtes. Hier ist der Einzelne absolut unersetzbar. Der Ruf in die Gefolgschaft Gottes durch Jesus Christus ist durch nichts anderes überholbar. Zu ihm gehört eine eigene Form der Bedingungsfeindlichkeit: Fast alle Worte von der Nachfolge betonen die Ganzheit und die Exklusivität einer solchen Entscheidung. Nur aus einer solchen persönlichen Nachfolge entspringt ein Amt. Alles „Objektive" und alles „Amtliche" ist dafür nur Unterbau, Anstoß, Mittel und Ausdruck.

Dieser Ruf in die Nachfolge Jesu Christi setzt die äußerste personale Bereitschaft voraus. Doch wird das persönliche Ja zu diesem Dienst ganz hineingebunden in den angenommenen Auftrag. Es gibt hier im Innersten des Amtsbegriffs eine unterscheidbare, aber untrennbare Einheit von Person und Funktion: Zwar ist die höchste Einsatzbereitschaft der ganzen Person vonnöten, zugleich erfolgt jedoch eine eigentümliche Enteignung der Privatexistenz, weil diese Person sich Gott übereignet und dabei ganz in Anspruch genommen wird für die Botschaft vom universalen Heil. Die Person wird für den Dienst

des Herrn geradezu gefangen. Gleichzeitig bleibt
es wahr, daß nur eine primär personale Berufung
in diesem Sinne legitim funktional werden kann.
„Es gibt im Raum der Offenbarung immer erst
sekundär ‚Abstraktes‘, ‚Institutionelles‘, ja man
muß so weit gehen zu sagen, alles Institutionelle
kann nur in dem Raum sich ausbreiten, der
durch die Funktionalisierung einer berufenen
Person allererst entsteht."[2] Diese Expropriation
macht erst den Raum frei für das Kommen Gottes. Nur in solcher Selbstweggabe, im Hin-
durchgang durch die Preisgabe seiner eigenen
Interessen und durch ein engeres Gebundenwer-
den an die Person und das Wort Jesu Christi gibt
es die Möglichkeit, das Unmögliche Ereignis
werden zu lassen: die Nachahmung des
schlechthin Unnachahmlichen. Nur im Freiwer-
den von sich selbst und in der Kraft des Gottes-
geistes kann diese Kluft überbrückt werden.

Die Bibel spricht davon, daß ein solcher
Glaubensbote ganz im Auftrag Jesu Christi, in
seinem Namen spricht und sogar an seiner Stelle
handelt. Ohne einen letzten und vorbehaltlosen
Einsatz des Berufenen für Jesu Werk wäre ein
solches Tun unverzeihliche Anmaßung und per-

fekter Betrug. So aber geschieht im wahren
Vollzug der Nachfolge Jesu Christi genau das
Gegenteil: Je mehr der Knecht den Herrn „re-
präsentiert" und in seinem Namen spricht, desto
tiefer unterscheidet er sich von diesem Herrn. Ist
er in diesem Sinne „groß", kann er den Platz des
Geringsten einnehmen.

Vielfach ist ein solches Leben wiederum als
egoistischer Selbstzweck mißverstanden wor-
den, und sei es im Interesse persönlicher Heiligkeit. Hier ist der kritische Punkt, wo die „Kirchlichkeit" des Christen nochmals einen gefährli-
chen Engpaß bewältigen muß. Es geht ja nicht
um die Gemeinschaft allein der Erwählten oder
um das ungetrübte Zusammensein nur der Berufenen. Dagegen hat die Kirche sich – wenigstens theologisch – immer gewehrt. Biblische
Berufung und Existenz der Kirche gibt es zuerst
zugunsten der Welt. Der Einzelne und die Kirche
werden auch hier aus ihrer vertrauten Welt und
den Grenzen ihres eigenen Daseins herausgeru-
fen zugunsten der Nichtberufenen. Jede Kirche
als eine nach „außen" abgedichtete Institution
wird hier zerbrochen. Sowenig das Ja und die
Bereitschaft zur Nachfolge durch Bedingungen

beschränkt werden dürfen, so wenig gibt es eine Eingrenzung der Berufung. „Kirchlichkeit" des geistlichen Amtes hat zur Folge, daß man eine solche bedingungslose Selbstweggabe für die Brüder nicht scheut. Sie ist das genaue Gegenteil eines Funktionärstums, dem nur am reibungslosen Ablauf verselbständigter Ordnungen und ihrer Gesetze liegt.

### 3. Exponiertsein für die Not und das Leid der Welt

Eine solche unbegrenzte Universalität des Dienstes stellt zugleich eine tiefe Gefährdung dar. Ohne letzte Identität mit dem Willen Jesu Christi wird eine solche Identifikation mit der Welt nur allzuleicht zu einer Spielart der Anpassung. Nur wer die „Entäußerung" (vgl. Phil 2, 7) Jesu Christi nach seinem Vorbild auf sich nimmt, wird für eine solche Zuwendung zur Welt fähig, ohne seinen Auftrag und sich selbst an sie zu verlieren und in ihr unterzugehen. Die Hingabe bewahrt nur ihre Ausdauer und den nötigen Widerstand gegen alle Spielarten des Konformismus, wenn sie ständig aus einer Identität mit dem Vermächtnis Jesu Christi lebt. Person und Funktion Jesu Christi, sein Leben und seine „Sache" lassen sich auch für seinen Jünger nicht trennen. Nur wer, wie er, in eschatologisch orientierter Distanz der „Welt" sich nicht ausliefert, kann dieser ganz dienen. Nur wer stetig durch Meditation und Gebet mit Jesus Christus verbunden bleibt, kann sich zentrifugalen Kräften aussetzen. E. Bethge[3] hat den Sachverhalt im Anschluß an D. Bonhoeffers Gedanken über „Arkandisziplin" und „Weltlichkeit" auf den Nenner gebracht: Identität ohne Identifikation ist Getto, Identifikation ohne Identität ist nur Boulevard.

Unbegrenzt ist das Feld, auf dem der Christ und der Amtsträger aus geistgeschenkter Nähe zu Jesus Christus zum Heil der Welt wirken können. Unerschöpflich sind die Wege von Glaube, Hoffnung und Liebe: das Ringen mit dem Verzweifelten, dem der Sinn des Lebens entschwunden ist; das Wort der Vergebung, damit einer wieder wirklich neu in seinem Dasein anfangen darf; das aufrichtende Gespräch mit einem trostlosen Menschen; Treue und Weggeleit auch in der letzten Stunde, wo alle anderen gewöhnlich davonlaufen; Ermutigung zur Versöhnung im grausamen Streit; stille Solidarität im unbegreiflichen Leid. Wird ein solcher vielfältiger Dienst geübt, dann ist er auch in räumlicher und zeitlicher Hinsicht unbegrenzt: keine Stunde ist zu spät, kein Weg ist zu weit, keine Anstrengung zu groß, keine Bitte „unmöglich", und keine Frage bleibt ohne wenigstens den Versuch einer Antwort. Die Solidarität mit der Welt und die Liebe zu den Menschen können so weit gehen, daß Max Kolbe stellvertretend für den Familienvater freiwillig in den Tod geht.

Institutionalität schafft allein noch keine Kirche. Charles de Foucauld hatte sich, äußerlich und räumlich gesehen, sehr weit von aller sichtbaren Kirchlichkeit entfernt, als er in der Wüste bei wilden heidnischen Stämmen sein Zelt aufschlug. Und dennoch ereignete sich in dieser reinen Präsenz Kirche in ungewöhnlich konzentrierter Form. Er half seinen fremden Nachbarn, aber er kam nicht in erster Linie, um ihnen etwas Nützliches zu bringen: Schule, ärztliche Hilfe, Kulturgüter. Indem er durch sein Beispiel in diese harte und erbarmungslose, verlassene und schließlich auch für ihn tödliche Welt „nur" die demütige Liebe des Herrn brachte, geschah Kirche in unüberbietbarer Weise. Je radikaler die Zuwendung zum Herrn erfolgt, um so eher gelingt eine fluchtlose Weltüberwindung durch die Kraft der entsagenden Liebe.

Erst auf dem christologischen Hintergrund wird die wahre „Weltlichkeit" des geistlichen Amtes und die Identifikation mit den Menschen sichtbar. Gottesdienst und Weltdienst erfordern sich zutiefst gegenseitig. Jedes Auseinanderteilen von Gottesliebe und Nächstenliebe erweist sich als fundamentale Täuschung. Eine unterschiedslose Gleichsetzung ist damit nicht gemeint. Freilich ist es viel schwerer, der Welt ein uneigennütziger Helfer zu sein, als wir zuweilen meinen und annehmen. D. Bonhoeffers[4] heute oft zitiertes und manchmal leichtfertig verstandenes Wort: „Die Kirche ist nur Kirche, wenn sie für andere da ist", entstammt einem radikalen christologischen Wurzelboden, darin der äußerste Einsatz für die Brüder an eine unaufhebbare Christusförmigkeit gebunden bleibt, gerade auch im Leiden. Ohne diese innere Form der Christologie („wer sein Leben bewahren will, wird es verlieren ...") gibt es keine Ekklesiologie und auch keine wahre „Kirchlichkeit" des Amtes. Vielleicht liegt hier ein tiefer Grund dafür – natürlich ist dies nicht die einzige Erklärung –, warum es in neuester Zeit ein solches Maß von Identifikationsverweigerung gegenüber der Kirche gibt. Sie scheint vielen jungen Menschen steril und autistisch um ihre institutionelle Selbstbehauptung besorgt zu sein, verweigert selbst die Passion mit dem, was zerrissen und nicht identisch ist. Weil sie zu wenig Licht der Welt darstellt, leidet sie in falscher Identitätsangst an sich selbst. Es gibt so viel verweigerte Identifikation mit der Kirche, weil die Kirche selbst solidarische Identifikationen mit dem Leid und dem Kreuz der Welt unterläßt. Oder tut sie dies alles inkognito, mehr als wir ahnen und wissen? Sehen wir es selbst nicht mehr? Stellt die Kirche vielleicht auch ihr Licht zu viel unter den Scheffel? Tun *wir* es?

## 4. Bleibender Ursprung aller „Kirchlichkeit" in Jesus Christus

Je mehr die Kirche sich auf sich selbst konzentriert und um ihr Prestige besorgt bleibt, um so weniger entspricht sie ihrem Ursprungsgeheimnis. Dieses ist ganz im Herrn begründet. Die Kirche ist mit ihrem Zentrum gar nicht in sich als einer Organisation, sondern „außer sich" in Jesus Christus, der sie erzeugt und trägt. Biblisch gesprochen, weiß sich die Kirche nur als „Magd" und „Braut" Jesu Christi, deren Geheimnis die Liebe ist. Radikale Abhängigkeit und tiefste Freiheit gehören hier eng zusammen. Die Kirche darf im Grunde nichts anderes sein als reine Beziehung auf Christus, dessen Zuwendung zur Welt sie geschichtlich darstellt. Von dieser Grundgestalt her kann man begreifen, daß es lange Zeit hindurch in der Kirche keine direkte thematische und selbständige „Ekklesiologie" gab. Kirche wurde nicht als eine in sich abgrenzbare Wirklichkeit erfahren. Übersteigerte Selbstreflexion birgt in dieser Hinsicht stets die Gefahr einer problematischen Isolierung.

Wahre „Kirchlichkeit" muß sich, um echt begründet zu werden, immer schon aufgehoben haben. Dies geschieht in einer doppelten Transzendenz zum Herrn und zur Welt. Eine Kirche, die „nach innen" sich selbst stets auf den Kyrios überschreitet und sich ihm übergibt, muß sich gerade deswegen „nach außen" in die Welt hinein drangeben. Hier liegt das tiefste Geheimnis der Kirche und darum eben auch der Christen: Kirche muß sich, will sie die innere Form Jesu Christi bewahren, bis in den Tod am Kreuz selbst verleugnen und sich bis zum Äußersten radikal für das Heil der Welt entäußern. So wie nach der Vätertheologie die Kirche aus der vollbrachten Liebe des gekreuzigten Herrn, aus seiner Seitenwunde ersteht, so kann sie sich selbst nur in dieser letzten Selbstentäußerung verwirklichen. An diesem Ort entspringt die universale Sendung: „Geht hinaus in alle Welt ..."

Vielleicht muß man – wie früher schon angedeutet – manches ungeordnete Ressentiment und manche Identifikationsverweigerung als Protest gegen das Zurückfallen der Kirche in sich selbst verstehen. In der Tiefe braucht dann ein solches „Nein" noch keine letzte Weigerung

zu bedeuten, dennoch ein grundsätzliches Ja zur
Kirche zu geben. Und manche bittere und
scharfe Kirchenkritik an Amt und Strukturen
entstammt der tiefen Überzeugung, daß alles
„Amtliche" und „Hierarchische" in der Kirche
*unbedingt* dienende Funktion hat.

Wer die Kirche nur von ihrer Organisations-
form und von ihrer empirischen Erscheinungs-
weise her begreift, wird ihren bleibenden Grund
nicht zu Gesicht bekommen können. Dieser Ursprung in Jesus Christus kann ohnehin nur in
Glaube, Hoffnung und Liebe aus dem Geist ent-
schlossener Nachfolge erblickt werden. Gleich-
wohl erlaubt auch ein veräußerlichtes Kirchen-
bild keine Totalkritik. H. U. von Balthasar
versucht zu differenzieren: „Denkt man sich
Kirche primär als abgelöst vom Herrn und ihm
gegenüberstehend, als eine mit Gnaden und
Gnadenmitteln ausgestattete Körperschaft, so
wird der Gläubige als Glied dieser Körperschaft
ihr freilich seine Verehrung und Bewunderung,
seine treue Anhänglichkeit, seine Liebe und seinen Gehorsam nicht verweigern, heute so wenig
wie je. Sie ist es ja, die den Heiligen Geist Jesu
Christi ‚hat‘, und von ihr her gewinnt der Ein-

zelne Anteil an diesem Geist, der darum immer
auch der kirchliche Geist ist. Aber ist eine solche
Betrachtungsweise auch adäquat?... Kirchen-
frömmigkeit unserer Zeit will im Zentrum nicht
Liebe zur Kirche, sondern Liebe der Kirche
sein."[5] An dieser Stelle ist die heutige Kirchenerfahrung mit Recht kritisch, weil es keine
selbstverständlich angenommene und unbese-
hene Einheit der Kirche mit ihrem Herrn gibt
und an diesem Punkt, wie die Geschichte zeigt,
ständig eine Verdunkelung droht. Darum gibt es
in der Kirche, wenn sie sich recht versteht, auch
nicht jene unheimliche Linientreue und jenen
Kadavergehorsam, die alles und jedes immer
von vornherein rechtfertigen müssen. Wahre
Treue des Christen und des Amtsträgers der Kirche lebt im Geist des Verhältnisses, das zwischen
Christus und der Kirche besteht. Ist dies einmal
angenommen, dann darf man in letzter Treue
gleichsam alles riskieren, gleichzeitig aber sich
selbst nichts schuldig bleiben. Erst recht darf
solche Treue nie fehlen, wo man auf sie müßte
rechnen dürfen. Eine solche Treue kann man
auch nicht bezahlen oder entlohnen. Sie weiß
auch bei aller Festigkeit und Entschlossenheit

um die Möglichkeiten des Scheiterns und des
Verrats.

## 5. Leiden am Ärgernis der Kirche

Je radikaler die Kirche in ihrem Ursprung aus
Jesus Christus gelebt und begriffen wird, um so
tiefer werden auch ihre Schwächen sichtbar.
Vielleicht fehlt es gerade an dieser Stelle an theo-
logischem Tiefblick im heutigen Kirchenver-
ständnis. Auf der einen Seite sind wir immer
noch von einer Ekklesiologie bestimmt, die in
einer falschen Auslegung des Bildes von der Frau
„ohne Flecken, Falten oder andere Fehler" (Eph
5,27) kein unbefangenes, demütiges und auf-
richtiges Verhältnis zur Schwachheit und Sünde
in der Kirche gewinnt. Unbekümmert um jeden
Sündenrealismus wird sie – mehr oder weniger
bewußt – nur als ideale, seinsollende Kirche ge-
zeichnet. Gewiß kann ein solches Ideal gerade
für den in amtlicher Verantwortung stehenden
Menschen aufrüttelnd und anspornend wirken.
Doch darf eine solche Sicht keinen Vorschub lei-
sten für die Ersetzung mangelnder personaler

Integrität und Heiligkeit durch eine Sakralisierung von Strukturen und Ämtern. Auf der anderen Seite geht eine nur äußerliche Anhäufung von Skandalen, Klatschgeschichten und Symptomen des Versagens an der spannungsvollen Vielschichtigkeit kirchlicher Wirklichkeit vorbei. Gegen eine solche äußerliche Kirchenkritik ist der Glaube – nach außen hin gesehen – machtlos.

Wir Christen haben die leidenschaftliche Liebe zur Kirche und mit dieser auch den Feuereifer um ihre Reinheit weitgehend verloren. So radikal dieser Eifer allen Kehricht von den Tennen des Gotteshauses fegen will, so nachsichtig und barmherzig bleibt eine vom Glauben genährte Kirchenkritik. „Wir müssen es lernen, die Kirche zu ertragen. Wir sind der Kirche gegenüber manchmal wie Kinder, die wissend geworden sind und hinter die Schwächen ihrer Eltern kamen... Wir sind selbst wissend und traurig. Aber wenn unser naiver Kinderglaube reif werden soll, muß diese Last getragen werden. Diese Kirche, wie sie leibt und west und in vielen ihrer Glieder verwest, ist und bleibt auch für uns Glaubensprobe, Prüfung, Bestürzung, brennende Sorge. Sie kann zur Glaubensgefahr werden, weil wir alle in der Versuchung stehen, sie spiritueller, anziehender, eindrucksvoller, mitreißender zu wünschen – und schon beginnen wir auch heute wieder das uralte Gespensterspiel von der Kirche des reinen Geistes aufzuführen, das da durch alle Jahrhunderte geht von Montanus bis Jansenius und bis in die Kammer unseres Herzens. Es ist die teuflische Versuchung, das Reich Gottes nun doch schon auf Erden zu vollenden, sich für einen nur glorreichen Messias zu begeistern und also das eigene Versagen abzuschieben in den Lobpreis einer Kirche der Geistigen oder einer Kirche des innerweltlichen Erfolgs, der statistisch erfaßbaren Fortschritte, der Konkurrenzfähigkeit mit anderen Religionsgemeinschaften."[6] Weil wir die Vielschichtigkeit und Hintergründigkeit des Geheimnisses der Kirche aus dem Blick verloren und dafür eine eindimensionale und graue Fassade reiner Institutionalität eingetauscht haben, häuft sich die – sicher oft berechtigte – Kirchenkritik. Auch ändern sich damit ihre Formen und ihre Folgen. Wir haben nicht zuletzt deshalb so viel Traurigkeit, Resignation, Überdruß und

Abschied von der Kirche, weil es so wenig bleibende und tiefgreifende Erneuerung der Kirche gibt. Eine solche ist freilich nur möglich, wenn sie beständig und gegen alle Schwierigkeiten aus spirituellen Wurzeln genährt wird. Vielschichtigkeit der Kirchenwirklichkeit, Reform*ernst* und Spiritualität gehören eng zusammen. Die bestehenden Identifikationsprobleme würden in einer solchen Tiefendimension zwar nicht schon von selbst gelöst, aber erträglich werden – und wenigstens nicht lähmen.

Eine solche Sicht darf keine Verharmlosung des Bösen und Sündigen in der Kirche bedeuten. Denn damit ist nicht verwehrt, daß sich ein unverkürzter Gehorsam gegenüber dem Evangelium in der Kirche Luft macht: Treue zum Evangelium „sine glossa", ohne alle Glossier- und Kommentierungskunst, wie Franz von Assisi seinen eigenen Auftrag akzentuiert. Aber gerade dies macht die paradoxe Größe des wirklichen Charismatikers aus, daß er bei allem radikalen Einsatz für das ungeschmälerte Evangelium und bei allem Nein zu konkreten Formen ebenso entschieden den Willen zum gehorsamen und geduldigen Bleiben in der konkreten Kirche aufbringt, um in ihr den Auftrag zur bedingungslosen Bezeugung des Evangeliums durchzutragen – und durchzuleiden. Das authentische Charisma übernimmt seine Sendung im Raum der Kirche. „Das Kriterium des echten Charismas ist das Kreuz, das Sich-zerreißen-Lassen zwischen dem Auftrag und dem Ort seiner Erfüllung um des Auftrags willen. Wer dazu nicht bereit ist, wer die Unversehrtheit des Ich der Ausrichtung des Auftrags am Ort, dem er zugehört, vorzieht, beweist, daß er zu guter Letzt doch sein Ich wichtiger nimmt als den Auftrag, und zerstört damit das Charisma. Die Spaltung kommt letztlich aus dem Zurückweichen vor dem Kreuz und aus dem Egoismus hervor."[7]

Neben Franz von Assisi ist dafür auch Ignatius von Loyola ein lehrreiches und ermutigendes Beispiel. Jeder, der in der Nachfolge des Herrn steht und schmerzlich die Wirklichkeit der Kirche erfährt, kennt diese Zerreißprobe. An ihr ist nicht vorbeizukommen. Darum gibt es bei aller Identifikation mit der Kirche diese einzelnen Elemente schmerzlichen Zerrissenseins und der Nicht-Identität. Wer nicht bereit ist, diese Grundspannung des Glaubens auszutragen, beweist am Ende nur, daß er die runde Identität seines Ichs wichtiger nimmt als die ihm bestimmte Sendung. Man flieht vor der Gefährlichkeit der Exposition, wie sie zum kirchlichen Auftrag gehört. Denn nur auf diesem Weg des Leidens und des Kreuzes läßt sich das hier und dort auch in der Kirche verdrängte oder entstellte Evangelium wieder einbringen.

Ein weiteres Beispiel der Erfahrung wahrer Kirchlichkeit soll am Schluß das Gesagte nochmals veranschaulichen: „Natürlich hat diese Gemeinschaft des Glaubens, Kirche genannt, von den Notwendigkeiten menschlicher Vergesellschaftung her nach dem Willen Gottes und Jesu ihre gesellschaftlichen Strukturen, ihre Ämter, ihre wechselnde, oft mit menschlicher Enge, Schuld und Zerrissenheit belastete Geschichte. Aber für den, der wirklich weiß, worum es letztlich in dieser Glaubensgemeinschaft geht, nämlich um Gott in Jesus Christus, der kann diese Glaubensgesellschaft aus armen Menschen, die auch als Kirche immer von Schuld zu Vergebung unterwegs sind, in gelassener Geduld ertragen, wissend, daß er ja auch seine eigene Enge und Schuld in diese Gemeinschaft um

Christus und mit ihm einbringt. Für den ist auch alles Ärgernis der Kirche nicht größer und nicht unerträglicher, als es auf jeden Fall in der Schuld, Wirrnis und Enge der menschlichen Geschichte gegeben ist. Er reiht sich demütig in die Gemeinschaft der Glaubenden ein, die durch die Finsternis der Welt dem ewigen Licht entgegenpilgern. Er weiß, daß er Gott am nächsten ist, wenn er in Geduld, Vergebungsbereitschaft und Hoffnung den Menschen und so auch den Menschen der Kirche brüderlich nahe ist und bleibt.“[8]


## 6. Die Frage nach dem „Lohn“

Vielleicht ist jetzt deutlicher geworden, aus welchen Gründen wir die Frage „Lohnt es sich, in der Kirche zu bleiben und für sie zu leben?“ indirekt angegangen sind. Wird nämlich die „Kirchlichkeit“ in ihrem wahren Ursprung, nämlich in Jesus Christus, begründet, dann werden viele Probleme, die uns heute bedrängen und wohl auch zu viel beschäftigen, von selbst auf ihren sekundären Rang gewiesen: Fragen der Autorität, der Formen des Amtes, der Ordnung neuer Dienste, der Kompetenz der Räte. Wer allerdings nur den Geist beschwört, ohne nachdrücklich und anhaltend auch die „Strukturen" zu bedenken und eventuell zu verändern, muß sich fragen lassen, ob seine Verweigerung nicht ein Rechtfertigungsmechanismus für falsche Selbstbehauptung ist. Eine Kirche, die dauernd in sich rotiert, wird jedenfalls immer weniger junge Menschen – oder die falschen mit Funktionärsmentalität anziehen. Vielleicht gilt nirgends das Schriftwort radikaler als in unseren gegenwärtigen Fragen und Problemen zu Theorie und Praxis der kirchlichen Dienste und Ämter: „Euch soll es zuerst um sein Reich und seine Gerechtigkeit gehen; dann wird euch alles andere dazugegeben" (Mt 6,33). Wagt zuerst eure vorbehaltlose Expropriation im Einsatz Gottes für das Leben der Welt, dann leuchtet das Licht der Stadt auf dem Berge von selbst!

Am Ende wird heute jede Frage nach dem „Lohn" für ein Leben im Dienst der Kirche verstummen müssen. Dies gilt nicht nur – wenigstens für uns Mitteleuropäer – in finanzieller Hinsicht. „Lohn" kann überhaupt nicht die notwendige Bedingung für diese Existenz nach dem Maß Christi sein. Nicht selten bezeugen manche Vorstellungen vom Jenseits und von der Seligkeit einen verhängnisvollen religiösen Autismus, der nur ängstlich auf die Erhaltung der eigenen Identität ausgerichtet ist. Der wahre Diener Jesu Christi verschwendet sein eigenes Leben jedoch in der völligen Drangabe an das Heil der Welt, ohne Rücksicht auf die eigene Person, und endet nicht selten fast namenlos. Es ist jedenfalls gut, wenn wir uns heute die Frage nach der Lust und der Laune, dem Lohn und dem Preis im Blick auf die Ämter und Dienste zuerst einmal zudecken lassen. Denn entscheidender ist vor Gott und für die Welt, daß einmal die reine Liebe erprobt wird. Erst dann wird es wieder sinnvoll, vom „Lohn" solcher Liebe zu sprechen. Diese freut sich über die Verheißung, mit dem Geliebten in unzertrennlicher Gemeinschaft ewig vereint zu werden. Es wäre ein falscher und gefährlicher Puritanismus, die reine Liebe und den „Lohn" vollkommen voneinander zu trennen und darauf ein System zu bauen. Aber dies gilt nur von einer Liebe, die frei von sich selbst geworden ist und aufgeht in dem, was dem anderen hilft.

## 7. Was tun?

Man kann nicht besser antworten, als Jesus selbst es getan hat: „Wer mir dienen will, folge mir nach!" (Joh 12,26.) Zwei Dimensionen scheinen heute von besonderer Bedeutung zu sein:

1. Junge Christen müssen in ihrer Familie und vor allem in der konkreten Gemeinde wieder neu die lebendige Gegenwart des Herrn erfahren. Ohne eine solche Kirchenerfahrung „von unten" wird es nur in seltenen Fällen zu einem lebenslangen, ganzen Dienst für die Kirche kommen können.

2. Wir fragen zumeist, was die Kirche sei, aber selten, *wer* sie ist. Sehen wir nicht mehr die lebendigen Gesichter der Kirche? Vielleicht erscheint die Kirche darum so gestaltlos, sie langweilt viele und zählt nicht. Johannes XXIII. hat gezeigt, was auch nur ein konkretes Antlitz an entscheidender Stelle für die Welt und für die Kirche bedeuten kann. „Alte, überholte Identitäten halten sich verkrustet unheimlich lange, aber die Spannung zwischen den Polen ist beseitigt: Da ist kein *Wer* mehr, dem zu begegnen sich

lohnt."[9] Nachfolge kann es nicht geben ohne
solche elementare Begegnung mit einem größeren „Wer". Vielleicht ist der Mangel das
Schlimmste an unserer Lage. Was tun? „Nicht
durch Begriffe, sondern durch ‚Vorbild‘ bekommt ihr [der Kirche] Wort Nachdruck und
Kraft."[10] Ohne einen *neuen Mut zum Vorbild*
werden junge Menschen nicht in Erfahrung
bringen können, daß es lohnt, in der Kirche zu
bleiben und für sie zu leben.

Dieser neue Mut zum Vorbild wird freilich
ebenso indirekt und unscheinbar, vielleicht für
viele sogar „naiv" wirken müssen. Wahre
Kirchlichkeit lebt in dieser diskreten Verborgenheit. Der heute oft übermächtige Ruf nach
„Kirchlichkeit" ist nicht das beste Alarmzei-
chen, aber vielleicht Anfang einer notwendigen
Besinnung. Die Frage, „ob es sich lohnt", muß
verwandelt und fast aufgegeben werden, um
richtig gestellt und dann auch beantwortet
werden zu können, getreu nach Jesu Christi
Wort und Vorbild: „Wenn das Weizenkorn
nicht in die Erde fällt und stirbt, bleibt es allein;
wenn es aber stirbt, bringt es reiche Frucht"
(Joh 12, 24).

72

# Anmerkungen

## I. Identifikation mit der Kirche (J. Ratzinger)

[1] *T. Rendtorff*, Christentum außerhalb der Kirche. Konkretionen der Aufklärung (Hamburg 1969); *ders.*, Theorie des Christentums. Historisch-theologische Studien zu seiner neuzeitlichen Verfassung (Gütersloh 1972).

[2] *G. Hasenhüttl*, Christentum ohne Kirche (Aschaffenburg 1972); zum Gespräch mit Rendtorff und Hasenhüttl: *Ph. Schäfer*, Zur These: Christentum ohne Kirche, in: Königsteiner Studien 20 (1974) 16–25.

[3] *O. Schreuder*, Gestaltwandel der Kirche. Vorschläge zur Erneuerung (Freiburg i.Br. – Wien 1967).

[4] *P. M. Zulehner*, Religion nach Wahl. Grundlegung einer Auswahlchristenpastoral (Freiburg i.Br. – Wien 1974).

[5] Zum Verständnis des Christentums unter dem Modell des Marktes wichtige Bemerkungen bei *E. Vályi Nagy*, Was heißt „Wiederkunft Christi"? (3. Stellungnahme in dem Büchlein: *P. Schütz*, Was heißt „Wiederkunft Christi"? [Freiburg i.Br. 1972] 59 ff.)

[6] Vgl. dazu *H. U. von Balthasar*, Theodramatik I. Prolegomena (Einsiedeln 1973) 43 ff.; dort weitere Literatur.

[7] *P. L. Berger*, Einladung zur Soziologie (Olten – Freiburg i.Br. 1969) 107; vgl. *Balthasar*, a.a.O. 43.

[8] Vgl. II. Vatikan. Konzil, Konstitution über die Kirche „Lumen gentium" 8, wo die Gleichzeitigkeit von Identität und Differenz zwischen Kirche Gottes als solcher und empirischer Erscheinungsform der Kirche sorgfältig formuliert ist. Wichtig zur Frage bes. auch *Y. Congar*, Christologisches Dogma und Ekklesiologie. Wahrheit und Grenzen einer Parallele, in: *Ders.*, Heilige Kirche (Stuttgart 1966) 65–104.

[9] Ecclesia enim est coetus hominum ita visibilis et palpabilis ut est coetus populi romani vel regnum Galliae aut respublica Venetorum: Contro-

versiae III 2; vgl. *Y. Congar,* Die Lehre von der Kirche. Vom Abend-
ländischen Schisma bis zur Gegenwart = *M. Schmaus – A. Grill-
meier – L. Scheffczyk* (Hrsg.), Handbuch der Dogmengeschichte III
3 d (Freiburg i. Br. 1974) 54.

[10] Zu Gal 3, 27 f.: *F. Mußner,* Der Galaterbrief (Freiburg i. Br. [3]1977)
262–266; *H. Schlier,* Der Brief an die Galater (Göttingen [5]1971)
172–176. Schlier betont mit Nachdruck den sakramentalen Gehalt des
Textes und von da aus den seinsmäßigen (und erst vom Seinsverhältnis
her ethischen) Sinn, den er ausdrückt.

[11] An dieser Stelle liegt das letzte Ungenügen von Küngs Darstellung des
Christlichen; er macht sich die ironische Frage von *E. Topitsch* zu
eigen: „Will aber *heute* noch ein vernünftiger Mensch Gott werden?"
(*H. Küng,* Christ sein [München 1974] 433; vgl. *E. Topitsch,* Gott-
werdung und Revolution. Beiträge zur Weltanschauungsanalyse und
Ideologiekritik [Pullach 1973] 38). Damit ist nicht die altkirchliche
Christologie gescheitert, sondern letztlich diejenige von Küng. Vgl.
*W. Kasper,* Christsein ohne Tradition?, in: *H. U. von Balthasar u. a.,*
Diskussion über Hans Küngs „Christ sein" (Mainz 1976) 19–34,
bes. 31; *J. Ratzinger,* Christ sein – plausibel gemacht, in: Theol.
Revue 71 (1975) 353–364, hierzu 363 f.; erhellend auch *L. Oeing-
Hanhoff,* Gottwerdung: was hätte man davon? in: Theol. Quartal-
schrift 155 (1975) 247 f.

[12] Eph 5, 22–33. Vgl. *J. Gnilka,* Der Epheserbrief (Freiburg i. Br. [2]1977)
286–294; *H. Schlier,* Der Brief an die Epheser. Ein Kommentar (Düsseldorf [2]1958) 261–280.

[13] Vgl. etwa *G. Maron,* Kirche und Rechtfertigung (Göttingen 1969); zur
konziliaren Auseinandersetzung *J. Ratzinger,* Das Konzil auf dem Weg.
Rückblick auf die zweite Sitzungsperiode (Köln 1964) 24–31 und 48–71.

[14] Vgl. *H. U. von Balthasar,* Sponsa Verbi. Skizzen zur Theologie II
(Einsiedeln 1961), 148–202; *ders.,* Haus des Gebetes in: *W. Seidel,*
Kirche aus lebendigen Steinen (Mainz 1975) 11–29, bes. 26 ff.

[15] Vgl. meine Ausführungen zu diesem Thema in: Internationale Theo-
logenkommission. Die Einheit des Glaubens und der theologische Plura-
lismus (Einsiedeln 1973) 42–48.

[16] Natürlich ist damit das wahrhaft Kirchliche im oben beschriebenen
Sinn gemeint, das der Blick des Glaubens immer mehr von dem der Kirche bloß empirisch Anhaftenden zu unterscheiden lernen wird.

[17] Vgl. *E. Käsemann*, Der Ruf der Freiheit (Tübingen [3]1968) 19–53; dazu: *J. Ratzinger*, Tradition und Fortschritt, in: *A. Paus* (Hrsg.), Freiheit des Menschen (Graz 1974) 9–30.

## II. Lohnt es sich, in der Kirche zu bleiben und für sie zu leben? (K. Lehmann)

[1] Vgl. *K. Rahner*, Im Heute glauben = Theologische Meditationen 9 (Einsiedeln – Zürich 1965, [5]1972).

[2] *H. U. von Balthasar*, Berufung, in: Zur Pastoral der geistlichen Berufe, hrsg. v. Informationszentrum Berufe der Kirche (Freiburg i. Br. 1966) 3.

[3] *E. Bethge*, Ohnmacht und Mündigkeit. Beiträge zur Zeitgeschichte und Theologie nach Dietrich Bonhoeffer (München 1969) 169.

[4] Vgl. dazu *E. Bethge*, a.a.O., 152–169.

[5] Kirchenerfahrung dieser Zeit, in: *H. U. von Balthasar*, Sponsa Verbi. Skizzen zur Theologie II (Einsiedeln 1961) 11–44, hier 37f.

[6] *H. Rahner*, Die Kirche. Gottes Kraft in menschlicher Schwäche (Freiburg i. Br. 1957) 13.

[7] *J. Ratzinger*, Bemerkungen zur Frage der Charismen in der Kirche, in: *G. Bornkamm – K. Rahner* (Hrsg.), Die Zeit Jesu. Festschrift für Heinrich Schlier (Freiburg i. Br. 1970) 257–272, hier 270f.

[8] *K. Rahner*, Glaubensmitte – Lebensmitte, in: Geist und Leben 46 (1973) 241–246, hier 246.

[9] *E. Bethge*, Ohnmacht und Mündigkeit, 169.

[10] *D. Bonhoeffer*, Widerstand und Ergebung. Neuausgabe (München 1970) 416.

# Erste Literaturhinweise

Folgende Liste enthält in chronologischer Reihenfolge eine Auswahl soziologischer, psychologischer, pastoraler und systematisch-theologischer Literatur:

*E. H. Erikson,* Identität und Lebenszyklus (Frankfurt a.M. 1966).

*J. B. Metz,* Reform und Gegenreformation heute. Zwei Thesen zur ökumenischen Situation der Kirchen (Mainz 1969) bes. 29 ff.

*K. Rahner,* Über das Ja zur konkreten Kirche, in: *ders.,* Schriften zur Theologie IX (Einsiedeln 1970) 479–497.

*H. U. von Balthasar – J. Ratzinger,* Zwei Plädoyers. Warum ich noch ein Christ bin. Warum ich noch in der Kirche bin (München 1971).

Concilium 7 (1971) Heft 6/7 (bes. die Aufsätze von H. R. Schlette, L. Laeyendecker).

*W. Dirks – E. Stammler* (Hrsg.), Warum bleibe ich in der Kirche? (München 1971).

*K. Rahner,* Bietet die Kirche letzte Gewißheiten?, in: *ders.,* Schriften zur Theologie X (Einsiedeln 1972) 286–304.

*G. Schmidtchen* (Hrsg.), Zwischen Kirche und Gesellschaft (Freiburg i.Br. 1972).

*T. Brocher,* Sind wir ver-rückt? Lebensprobleme des modernen Menschen (Stuttgart 1973) 84 ff., 96 f., 98 ff.

*W. Kasper – J. Moltmann,* Jesus ja – Kirche nein = Theologische Meditationen 32 (Einsiedeln 1973).

*H. Küng,* Was in der Kirche bleiben muß = Theologische Meditationen 30 (Einsiedeln 1973).

*O. Schatz* (Hrsg.), Auf dem Weg zur hörigen Gesellschaft? (Graz 1973).

*G. Schmidtchen* (Hrsg.), Priester in Deutschland (Freiburg i.Br. 1973).

*K. Forster* (Hrsg.), Priester zwischen Anpassung und Unterscheidung (Freiburg i.Br. 1974).

*G. Hasenhüttl,* Herrschaftsfreie Kirche (Düsseldorf 1974).

*H. Hild* (Hrsg.), Wie stabil ist die Kirche? Bestand und Erneuerung. Ergebnisse einer Umfrage (Gelnhausen/Berlin 1974).

*W. Siebel*, Einführung in die systematische Soziologie (München 1974) 57 ff. (Mitgliedschaft), 115 ff. (Rollen), 137 ff. (Identifikation).

*P. M. Zulehner*, Religion nach Wahl. Grundlegung einer Auswahlchristenpastoral (Freiburg i.Br. 1974), dazu: *H.-J. Jaschke*, Kirche der Sünder – Kirche der Ungläubigen?, in: Internationale katholische Zeitschrift 5 (1976) 248–255.

*H. J. Helle*, Religionssoziologische Untersuchung der Spannungen zwischen Charisma und Institution, in: Archiv für Religionspsychologie 11 (1975) 209–228.

*L. Krappmann*, Soziologische Dimensionen der Identität. Strukturelle Bedingungen für die Teilnahme an Interaktionsprozessen (Stuttgart ⁴1975).

*K. Lehmann*, Christen ohne Kirche?, in: Geistliche Woche der Evangelischen Kirchengemeinde Mannheim vom 16. bis 23. Februar 1975 (Mannheim 1975) 17–24.

*J. Matthes* (Hrsg.), Erneuerung der Kirche. Stabilität als Chance? Konsequenzen aus einer Umfrage (Gelnhausen – Berlin 1975).

*G. Schmidtchen* (Hrsg.), Umfrage unter Priesteramtskandidaten (Freiburg i.Br. 1975).

*J. Wössner*, Religion und Identifikation. Zu Fragen der Religionspsychologie und Religionssoziologie, in: Archiv für Religionspsychologie 11 (1975) 229–239.

*M. Auwärter – E. Kirsch – K. Schröter* (Hrsg.), Seminar: Kommunikation, Interaktion, Identität (Frankfurt a.M. 1976).

Internationale katholische Zeitschrift 5 (1976) Heft 3 (Zugehörigkeit zur Kirche).

Pastoralkommission des Zentralkomitees der deutschen Katholiken, Religiös ohne Kirche? Eine Herausforderung für Glaube und Kirche (als Manuskript gedruckt, Bonn – Bad Godesberg 1977).

*Johann Baptist Metz*

# Zeit der Orden?
## Zur Mystik und Politik der Nachfolge

Dieser Band – eine Orientierung über Kirche und Christsein im Brennpunkt der Ordensfrage – knüpft an das Grunddokument der Würzburger Synode „Unsere Hoffnung. Ein Bekenntnis zum Glauben in dieser Zeit" an und bedenkt die gegenwärtige Zeit des Christseins und des kirchlichen Lebens als „Stunde der Nachfolge". Eine Ermutigung zum Leben radikaler Nachfolge heute.

102 Seiten, kart. lam. (ISBN 3-451-17724-2)

*Herder Freiburg · Basel · Wien*

*Karl Lehmann*

# Jesus Christus unsere Hoffnung
## Meditationen

In vier Meditationen zu den Geheimnissen des Passions-
und Ostergeschehens erschließt der bekannte Freiburger
Theologe die Hoffnung als Grundzug menschlichen und
christlichen Lebens. Dabei gewinnt alte Wahrheit neue
Überzeugungs- und Gestaltungskraft für die christliche
Existenz.

96 Seiten, kart. lam. (ISBN 3-451-17605-X)

*Karl Lehmann*

# Jesus Christus ist auferstanden
## Meditationen

Auf der Grundlage klarer theologischer Einsichten, in-
spiriert von lebendiger Glaubenserfahrung und ur-
sprünglicher Spiritualität, meditiert Karl Lehmann, von
einer Sinndeutung menschlichen Leids und des Leidens
Jesu ausgehend, die lebenschaffende Kraft der Botschaft
von Kreuz und Auferstehung Jesu Christi.

94 Seiten, kart. lam., 3. Aufl. (ISBN 3-451-17229-1)

*Herder Freiburg · Basel · Wien*